学校学不到的成长课

(日) 株式会社旺文社 著

楼梦捷 译

●小学生应该学会的事，这套漫画就能搞定！●

从零开始接触互联网

SPM

南方出版传媒

新世纪出版社

·广州·

前言

考试得了一百分真开心呀！身边的人都表扬我。但是，长大以后要面临的问题，却比学校的考试复杂得多，有的时候正确答案不止一种，有的时候问题是没有正确答案的。

“生日礼物的话，我想收到鲜花！”“我想收到书！”谁的答案是正确的？他们的答案都是正确的。但是在某些情况下，他们的答案又都是错误的。

爬山的时候，同学扭伤了脚。紧要关头，自己是选择用指南针摸索着下山，寻找救援，还是在原地等待救援呢？哪个答案是正确的？正确答案随情况而定。总之，性命攸关的问题要慎重地做出决定！

在大人的世界里，每天都要面对这样的选择题。可以自信满满地解决问题，凭借的是聪明的头脑，对问题做出正确的判断。

本系列丛书，希望用漫画的方式，让小朋友们去理解自己和周围的世界。希望合上书本的时候，小朋友们能发现自己的进步，感受到思考带来的快乐。

本书的主题是“网络中的规则”。在网络这个虚拟世界里，我们面对的大多是素未谋面的网友，也会接触到纷繁复杂的信息。这时我们就需要对这些信息加以判断和筛选，因为在网络的另一端不一定都是好人，也会有很多骗子、坏人，而他们提供的信息往往都是虚假、有害的。还有，当你发帖或回复网友的时候，记得先分辨信息的真伪，也要想想自己的言论是否得当，是否会引起他人的反感。“防患于未然”很重要。因此，小朋友们上网前切记先征得家长的同意，以免掉入某些可怕的网络陷阱中。

旺文社

编注：各个国家、地区的互联网规则在一些细节上会有所不同，请参考自己所处的环境做出具体的判断。

目录

即将登场的小伙伴们 6
序幕 8

第1章 不能涉足的网络禁忌 13

网络信息都是正确的吗? 14
一些禁止下载的网络资源 18
严格遵守上网规则 24
一些不安全的下载资源 26
互联网究竟是“何方神圣”? 32
禁止发布在网络上的言论 34
不小心在网上留了个人信息 40
不能随意上传的内容 44
什么是“招黑”? 50
需要烂熟于心的网络术语 56

第2章 浏览网页请留心 57

什么是“单击陷阱”? 58
在免费网站注册用户的后果 64
密码不能设为生日吗? 68
谨慎对待“网络拍卖” 72
网购的注意事项 76

第3章 ……… 使用邮箱和社交网络时的注意事项 79

名人给我发邮件 80
收到一封中大奖的邮件 84
如何处理转发的邮件? 88
如何处理发错的邮件? 92
中病毒后如何“杀毒”? 96
邮件、聊天礼节知多少 102
什么是“SNS欺凌”? 108
发邮件时的注意事项 112

第4章 ………… 层出不穷的安全隐患及注意事项 115

走路不当低头族 116
沉迷手机危害多 120
谨防“社交疲惫” 124
在书店可以用电子产品拍书吗? 128
使用电子产品拍照功能时的注意事项 132
需要注意手机使用礼仪的场合 136
和网友见面前请三思 140
拒绝访问少儿不宜的网站! 146

尾声 148

即将登场的

目出亚一家

小亚（目出亚学）

- 四年级小学生
- 性格外向率真，但有些急躁
- 网络小白，不会用平板电脑
- 擅长各项体育运动，是足球队的主力

老爸（目出亚史朗）

- 小亚的爸爸
- 对网络和平板电脑不是很了解
- 是可爱微波组合的粉丝

老妈（目出亚真实）

- 平时很温柔，但发起火来很可怕
- 不懂如何上网
- 有些冒失

可爱微波

- 由玲次和玛蒂尔达搭档的人气偶像组合
- 玲次刀子嘴豆腐心，玛蒂尔达的表演总能让人眼前一亮

小伙伴们

小亚的同学们

椎菜（宇津久椎菜）

- 是小亚和小志心目中的女神
- 时常更新自己的博客

爷爷（目出亚快藏）

- 小亚的爷爷
- 网络专家，熟知手机、平板电脑等电子设备的操作方法
- 是一位地道的农民
- 为了教小亚上网的规则而“重出江湖”

小志（城宝贵志）

- 小财主
- 有手机、平板电脑
- 容易受骗

良子（木馆良子）

- 椎菜的闺密
- 很会照顾人，深受大家的喜欢

网络大盗（大鼻子贞光）

- 是用尽一切手段，企图欺骗小亚他们的大坏蛋

序幕

某天放学后
怎么这么热闹？
哇！哇！
公园
你好，良子！
大家聚在一起干吗呢？
有什么好事吗？
小亚啊！
小志说他爸爸给他买了一台新的平板电脑呢！
我还以为有什么呢，就这点事啊……
什么?!
他他他，竟然碰到了我椎菜女神的手！
这不可能！
心跳
心跳

老妈！
我要平板电脑！
给我买一台嘛！
呜呜！
这是怎么了？突然哭哭闹闹的。
呜呜
求求您了！
您今天也很光彩照人呢！
砰！
你这叫求人吗？
真是我亲生的吗？太急躁了……
唉！
那么想要的话，去问问你爸吧！你爸同意了就给你买。
叫我呢？
老爸，
我想要一台平板电脑，您给我买吧！
呜呜！
呜呜！
你先告诉我，你要用它干吗？
我想用它来上网……
查查资料，学习什么的……
那个……
那个……
怎么声音越来越小了？是不是有什么其他原因啊？

主要是，有了平板电脑以后，我就能受女生欢迎了。
这样啊！那就买！
你应该早说！
你……
他爸！
小亚，我把平板电脑买来了哟！
哇！爱死您了！
哈哈，这样我的人气就能一路飙升啦！
话说，这个怎么用啊？
都开不了机啊。
真是两个小白……
黑线

吼吼吼！老夫来也！
爸！
爷爷！
吃惊吧！是我请爷爷来的！
看到没有！
让爷爷好好给你俩上一课！
不是『请』吧……
您赶紧过来一趟吧！快来快来！
啊？什么？
不是有了平板电脑就能人气飙升的哦。
重要的是怎么用它。
捋胡子
就是不知道怎么用嘛！
话说，爷爷您会用平板电脑吗？

小看我？
不管是手机还是平板电脑，爷爷我都运用自如！
老夫的IT大革命！
呼叫老婆大人
还有，爷爷我可是超级博主！我博客的日浏览量可有一万多哟！
你们看！
我和我的粉丝关系多好！
我们还一起聊天呢！
我年纪可比你大哦！
哈哈，您真会开玩笑！
哇！
好厉害！
请收我们为徒吧！
求您啦！
咚——
没问题！
那就先教你们一些网络基本知识吧！
我真不应该让您来……

第1章

不能涉足的网络禁忌

网络信息都是正确的吗？

哇！终于可以用平板电脑啦！
激动
是要用来查资料吗？
不，我要上网关注可爱微波的近况。她们可是现在的人气偶像组合哦！
玲次（14岁）
玛蒂尔达（15岁）
个人出道单曲《功夫和你》
人气上升中
可爱微波
我挺玲次！
年轻啊……
爷爷您没有喜欢的明星吗？
当然有啊！
我喜欢白崎道子，她可是超有实力的歌唱明星！
小白最棒！
大家好，下面我为大家献上一曲。

我现在上网搜索一下她们的近况。
哇！出来好多内容啊！
可爱微波
所有　图片
可爱微波官方网站
可爱微波维基百科
可爱微波粉丝专用网站
除了官网，还有好多网页上也有她们的信息呢。
『可爱微波的秘密』？
玛蒂尔达有很严重的脚臭！
玲次的脾气很暴！
呃……
这是为什么？
啊——我不相信！
先冷静一下！

上网时需要注意的一些细节

冷静判断网络信息的真伪。

有些网站会故意登载一些错误的、容易误导人的信息。千万不要网站上写什么，你就信什么！

切勿浏览黄赌毒网站。

可以用网站过滤器来屏蔽这些网站。万一发现了这些网站，请立刻关掉，并告诉家长，不要偷偷地登录。

第 146、147 页上也有相关介绍，记得看哦！

查资料时，不仅可以从政府、学校等一些官方机构的网站搜寻信息，还可以参考一些企业、商家的官网哟！

如果能熟练运用网络，它可是能帮上很多忙的。
但是使用不当的话，它就会变成害人的工具！
这回学到了不少吧。
放心
原来如此，我刚才看的一定是虚假网站。
下面换我看看。
嗯？
『白崎道子的秘密』？
拿来
白崎道子虚报年龄？
什……么？
这是为什么？
啊——我不相信！
那个……这就是我刚才看的网站……

一些禁止下载的网络资源

何谓“下载”？

- “下载”就是指将网络资源保存到自己的台式电脑、平板电脑、手机、游戏机等终端设备的一种行为。
- 只要可以连接到互联网，即使不去实体店，也能下载到许多资源。

可以下载的网络资源

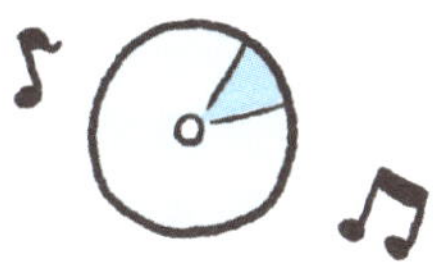

音乐

电影・动漫

游戏・手机软件

电子书籍、杂志

各种入场券

太好了！
我这就去下载她们的新歌！
但是，
具体要怎么操作呢？
短路
对了！这个时候就要靠搜索引擎了！
可爱微波下载
网页
或许你想搜索：自由炉灶
可爱微波免费下载
可爱微波新曲《笑一笑》
有了！原来下载是免费的啊！
真是太棒了！
先等会儿！
你那是在正规网站找到的？
在非法网站下载资源可是违法的哟！
违法？
明知违法还下载并且传播的话，可是会被警察叔叔抓起来的哟！
给你戴上手铐，
就像这样！

何谓“非法下载”？

作者依法对自己的作品享有版权。没有得到作者的允许，而随意使用其作品的行为违反版权法！

●违法行为是会受到相应处罚的！

※ 此处为日本的相关规定，中国也有《著作权法》《网络安全法》等有关法律法规。

在网上下载了一些电影、音乐的非法资源，就会……

处 2 年以下拘留

2012年10月1日开始施行。

或者

处 12 万元以下的罚款

情节严重者，处 2 年以下拘留，并处 12 万元以下罚款。

在哪里可以放心下载？

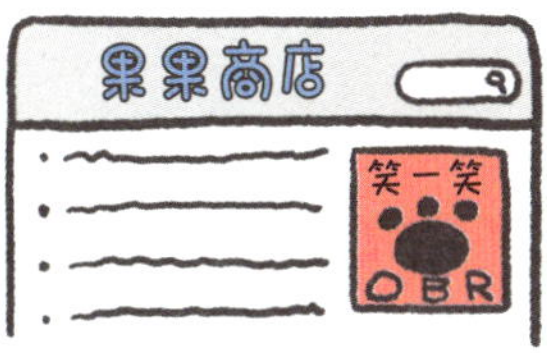

正规企业运营的音乐、电影下载网站

官网

要小心一些混在免费下载网站里的**非法网站**！

在下载前，请先确认网站的安全性！

下载时需要注意的一些细节

有些歌曲可以免费试听，但需要付费下载。而付费会用到电子支付，所以下载前请务必先征得家长的同意。

●没有让家长帮忙把关的话……

不管不顾，看见喜欢的就下载……

可能会产生一笔让家长“火山喷发”的巨额消费！

●事先让家长帮忙把关的话……

认真把关中……

确认可以下载！

要点：记得事先确认下载需要的付费金额，得到家人许可后再行动！

那我可以下载可爱微波的新歌吗？
那你打算怎么付下载费用呢？
这样吧，下载费用就从小亚你自己的零花钱里出，然后你把钱给爸爸，让他用信用卡帮你付，怎么样？
要多少钱来着？
我看看……15元?!
可爱微波官网
新曲《笑一笑》
下载价格
¥15
完了！
零花钱不够付了！
早知道就不买这个天价玩偶了……
啊啊啊啊！
能助你人气飙升的人偶！
只要50元！
我买了！
50元
晕
晕
那我也没办法了……

严格遵守上网规则

就像遵守交通规则一样，上网的时候也要“红灯停，绿灯行”！

规则 1　不从非法网站下载未经授权的电影、歌曲。

非法网站上的文件资源

- 受版权保护的 CD、DVD 等音像制品。
- 官网上发布的电影、歌曲、动画等收费资源。

不能下载！

需要注意一下，没有得到作者的许可就私自上传的免费资源也是不能下载的哦！（参见第 21 页的版权介绍）

※ 上传：指将自己电脑上的数据传到网络上，与其他用户实现数据共享的一种行为。

规则 2　不随便上传他人的作品。

注意！没有得到作者的允许，是不能随便上传他人创作的图片的！

如果一个动画形象是某企业设计的，那么该企业就拥有该形象的使用权。

规则 3　不随意上传他人的个人照。

所有人都拥有不容侵犯的肖像权，所以注意不能随意上传他人的肖像照哟！

※ 肖像权：是公民可以同意或不同意他人利用自己肖像的权利。法律规定，未经本人同意，不得以营利为目的使用公民的肖像。

一些不安全的下载资源

爷爷，您怎么笑得这么开心啊？
咯咯！
我最近玩的宠物游戏里的母鸡生小鸡啦！
看看爷爷我现在的游戏币，多吧！
咯咯！
吱吱！
咯咯！
存款额
¥5,000,010,000
这个游戏是平板电脑自带的吗？
我也想玩！
应用商城
养鸡大作战！
下载
可以从应用商城上下载，免费的。
不是说免费下载的资源里有很多非法的吗？
有点怕……
从正规应用商城里下载的资源可不是非法的哦！
当然，也不能保证都是安全的……
爸，妈来电话了！
是亲爱的吗？
好的，这就来！

※ 黑屏：指电脑等终端设备突然出现问题，导致异常关闭的情况。

应用商城里的 App 真的安全吗？

事实并非如此。

●可以通过下载一些 App 来丰富电子设备的功能。

●下载前请先确认！

下载前请先通过查看其他下载用户的评论或留言来确认其安全性，这一点很重要哦。

App 使用起来非常方便，但要注意，为了保证良好的使用体验和数据安全性，请下载正规安全的 App。

如果不小心下载了危险的App……

●电脑死机、故障

●导致个人数据泄露

需要特别留意一些免费软件。

注意！

有些 App 会让你的电子设备感染病毒，从而窃取你的个人信息。

（参见第 96—101 页的内容）

使用App时要注意以下几点

●不要下载病毒软件。

●不随便点击可疑的广告条。

●注意做好定期杀毒措施。

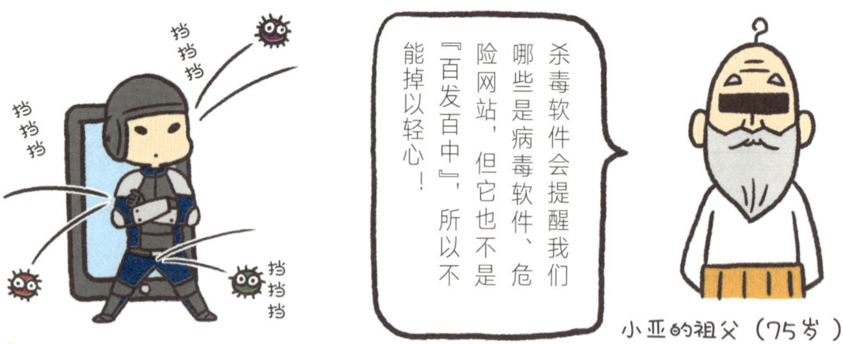

要点

防范三招：不下载病毒软件；无视可疑的广告；做好杀毒措施。

修好要花一个星期的时间啊？伤心……
电器修理
啊哈哈！
修理费300元！
账单 小亚先生
¥300元
应收修理费
你看！
不是您帮我付吗？
什么？！
怎么可能！
唰唰！
你不是提前预支了零花钱嘛！
这点钱你自己可以解决吧！
这叫什么事啊！！
崩溃
妈呀……
妈呀……
怎么这样……
谁让你乱下载，把平板电脑搞黑屏了！
好好反省吧，下次别再犯类似错误！
揉

互联网究竟是“何方神圣”？

“互联网”是世界上的人们为了共享信息创造出来的一种巨大的全球化网络。

可以连接到互联网的终端设备

笔记本电脑

平板电脑

智能手机

翻盖手机

可联网式游戏机

……

互联网的“神通广大”

●快速检索信息。

●无障碍全球沟通。

●感受海淘魅力。

要点 正确使用互联网，能为我们的生活增添色彩！

禁止发布在网络上的言论

第二天
早上好！
这是怎么了？
没事吧？
昨天竟然有人在我的帖子下面骂我……
伤心
过分……
这评论够犀利的……
确实有点过了……
是谁写的啊？
他怎么这么脆弱啊，还告诉别人……
糟糕！
晚上
还是删了吧！
嗯—
完了！
这评论要怎么删除啊？我不会啊！

有些言论禁止发布在网络上

有些言论即使只是发表在网络上也会构成犯罪，还有可能会被拘留。

恶趣味

你认为只是恶趣味……

但很可能会因制造恐慌而被逮捕！

造谣

不思后果地发布一些虚假信息……

会因为无意间伤害到他人，或是影响到店铺的经营而被逮捕！

●乱嚼舌根

发了一时的气话……

会因犯诽谤罪而被逮捕！

要点 发布一些虚假信息或是伤害他人的言论是犯法的。

又没写名字，谁会知道是我写的呢？

●警方可以通过 IP 地址来确定犯人。

互联网里有一种东西叫“IP 地址”，能对应到每一台电脑，所以警方通过锁定 IP 地址就可以轻松找到你。

万一受害者是你自己，该怎么办？

●事先截取画面，留作证据。

●请网管删除相关页面。

●找大人们商议。

要点 当你遇到上述类似的情况时，请先向大人们求助。必要时，请携带证据求助于警方。

爷爷，我该怎么办啊？
摇摇
晃晃
这回知道厉害了吧！
为今之计，只能向小志好好道个歉了。
城宝
呜呜！
呜呜！
这是怎么了？
好好说，别抱我！
使劲抱
我对不起你！是我在评论里说你无聊！
你说那事啊？我又不是因为你的评论而不高兴的！
我早就习惯被人说无聊了！
这样啊？太好了！
太好了？别高兴得太早了！谁要你乱评论的，作为惩罚，下次你的炸鸡块都得归我！
拜拜！
晕倒
原来你喜欢吃炸鸡块啊！

不小心在网上留了个人信息

将自己的个人信息传到网上的后果

什么是个人信息？

名字	住址	电话号码	邮箱地址
出生日期	年龄	性别	学校
学年	家庭成员	父母的职业	等等

●把这些个人信息传到网上的话……

●泄露个人信息可能会引来麻烦。

可能被坏人盯上……

可能被人恶搞……

要点

网络上的信息可是向全世界的网民公开的！切记不要将自己的个人信息上传到网上！

肖像照也属于个人信息

●上传的肖像照可能会被别人使用。

可能被加工成一些少儿不宜的图片……

可能被用作店铺宣传……

●随意上传他人的照片会被起诉。

※ 隐私权：一种保护自己的私生活不受他人侵扰的权利。

要点 请在征得本人同意后，再上传他（她）的个人照片。

小亚！你看你干的好事！
怎么处理？
我错了！
我再也不敢泄露个人信息了！
都怪我没有教好他！
小亚，今天在学校过得怎么样啊？
事关个人信息，恕我不能奉告。
嘘，
不知道！
你把我的布丁给吃了？
事关个人信息，恕我不能奉告。
嘘，
不知道！
这孩子是在叛逆期吗？
我真失败……
唉，
我也没让你这么干啊……
你也太极端了！

不能随意上传的内容

对了，在博客里发条可爱微波的近况吧！
说发就发！
我是可爱微波组合的歌迷。♥♥
请力挺玲次！
我告诉过你不能随意上传照片的。
什么？
这也不行啊?!
震动
赶紧删掉！
这条，还有这条……
什么！这么快就有人评论了？
请力挺玲次！
评论人：杰洛尼莫
作为一个歌迷，你这样随意上传人家的照片真的好吗？
看来还是晚了一步……

注意！请注意以下这些情况！

这类资源不能上传。

✕ 下载的图片

✕ 自己买的书或漫画的内页照片

✕ 自己录制的电视节目或电影片段

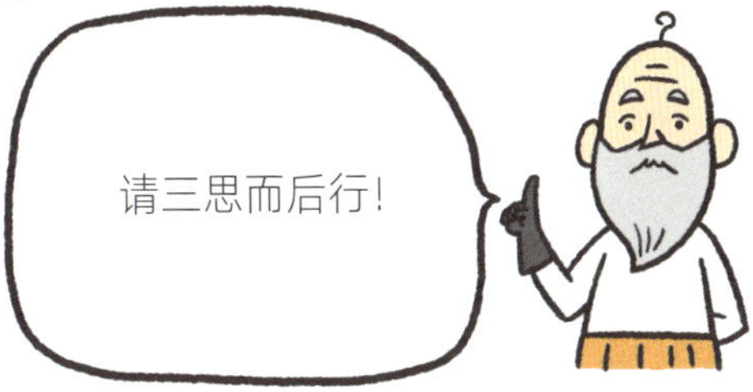

上传资源切莫随意。

和他人的合照、视频

要点

在上传前，请先确认照片或视频的使用权在哪一方，并征得对方的同意。

作为一名歌迷，我竟然做出这种蠢事……
哐啷！
全国的瀑布
我要去瀑布苦修……
痛痛痛！
哗哗哗
请不要来找我！
你这……
不过话说回来，网上原来不就有很多名人的照片和视频吗？
我不要你走！别离开我！
那些资源大概都是违法的？
虽然违法，但只要当事人不提起诉讼，就无法给他们定罪。
这就是麻烦的地方……
虽说现状如此，但不代表你也可以那样做，知道吗？
嗯！我会好好遵守网络规则的！
爷爷真棒！

注意！下列情况请不要拍照！

✕ 拍书店里的书和杂志 （参见第128~131页的内容）

✕ 未经允许拍别人

要点 请事先征得被拍摄者本人的同意，再帮他（她）拍照。即使是朋友之间的互拍，也请遵守这一基本礼仪。

这么一来，那基本上就没有可以上传的东西了。
这些可以吗？
椎菜上传了做菜的照片。
今天我做了蛋包饭！♪
小志也上传了自己穿衣搭配的照片。
我今天的穿衣搭配！
既然大家都上传了自己的照片，那我也来！
嘿！
别忘了你上传的照片不只是你朋友可以看到，全世界的网友也都可以看到，你确定要摆这样的造型？
不害臊吗？
我想向网友们宣传我可爱的可爱微波组合嘛！
但如果照片不行……
有了！
就这么办！
哈哈……

?
?
这样，再这样！
画画画
画
这是在干吗？
您看！
我上传自己的简笔画总没问题吧！
这这这……
画的什么啊？
哼！
可爱微波
这绘画水平也……
画得也太糟糕了……
手抖

什么是『招黑』?

评论用户：酌一杯酒
谁这么没有智商！竟然随便上传我家偶像的照片！
又有人评论了……
啊？
评论用户：小亚
你这样很无聊知不知道！都已经把照片删了，还在这里生事！
竟然骂人！谁这么没有素质！
气死我了！
第二天
什么？100多条评论都在骂我！
天哪！
评论用户：酌一杯酒
你说啥？再说一遍！
评论用户：小闹腾
赶紧道歉！
评论用户：鲁莽汉
你想干吗？
你看你这『招黑』的博客……
『招黑』？
熊熊怒火
评论用户：日元城
大家把它弄上热搜榜！
评论用户：小闹腾
来啊来啊！
评论用户：则夫
让你狂，这下好了吧！
评论用户：牢骚大王
给我道歉！
熊熊怒火
看到没，这就是我说的『招黑』。

何谓“招黑”？

其实就是指博主发布的一条博客在短时间内收到很多回复，这些回复中反对声音或诽谤占绝大多数。

●容易“引火烧身”的“招黑”博文

我觉得玲次的性格不好，还是玛蒂尔达比较乖。

评论用户：玲次铁粉
才不是你说的那样呢！

评论用户：鲁莽汉
你个傻子懂什么！

极端或是中伤性的言辞

偶遇！塞尔人组合的武藏在便利店买扫帚！

评论用户：百合百合
骗人！

评论用户：邪恶的 K
你这是侵犯了人家的隐私权！

透露名人或其他人的隐私

大胃王挑战！

恶搞的照片

明天去旺文车站发小志的宣传照片。

评论用户：里奥
别干蠢事！

评论用户：小志
为什么是我？（怒）

开玩笑、恶趣味的话

能把小事无限放大、升级，这就是“招黑”的厉害之处。

要点 世界上的网友都能看见你发在网上的评论，请为他人考虑，慎重发言。

“招黑”了该怎么办？

火冒三丈而意气用事的话，会让事态升级。

防范“招黑”的方法

● 不争论

差不多得了！

评论用户：城市浪人
你说什么？

评论用户：火柴
这家伙是找揍啊！

评论用户：小义雄
请你注销账号！

反驳的言论只会让口水仗升级。

● 不立即道歉

是我错了！我会好好反省的！

评论用户：声援桃子
知道自己错在哪里了吗？

评论用户：樱桃
别以为一句反省的话就可以敷衍了事！

评论用户：弗罗斯特
这也叫道歉啊？太没诚意了！

这个时候道歉只会适得其反。

要点

“招黑”后不与人作无谓的争论，让时间说明一切。

网络“招黑”再升级？

有一些人会查出你的个人信息，然后在网上公开。

有人会利用你留在网上的个人信息，做一些恶趣味的事。

不是所有网民都是好人。有一些网友就喜欢与别人对着干，恶搞、中伤他人。

有办法快速删除网上的信息吗？

不要以为删了博文就能万事大吉哦！

●有些情况下，即使删除了原文，网上还是会留有痕迹的。

因为有些网友已经把你发的内容保存了，他可以再次上传你删除的内容。

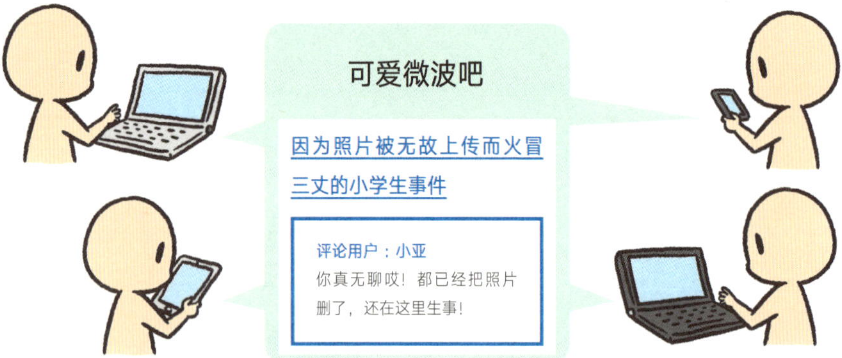

你发的博客会被转发到贴吧这类地方，再次引起网友的讨论。

要点

因为在网络世界里存在上述的“删除了还可以死灰复燃”的情况，所以请大家务必谨言慎行，谨慎发文。

你看看，又给你寄来了这么多广告宣传单！
堆积如山
真让人心烦！
你能给我解释一下为什么他们就给你寄吗？
因为我发了不该发的信息，个人信息被网友公布出来了……
好可怕！
很严重……
后果很严重！
糟糕！
这下不好了！
平板电脑没收！
怒火熊熊！
啊——
扑
为什么连我也要遭罪啊？

需要烂熟于心的网络术语

浏览器

一种可以显示互联网信息的软件。

Wi-Fi

一种允许电子设备连接到一个无线局域网的技术。

ID

每一个用户都有自己独有的用户名（ID），由一系列英文字母与数字构成。ID 和密码可以保护用户的个人信息安全。

终端（智能终端）

指的是像智能手机、平板电脑等可以接入互联网的通信工具。

云端

指的是将数据保存在互联网上的一种服务。它能节约设备的内存，即使不在终端设备保存数据，只要将数据上传至网络，联网就能看到你保存的数据。

第2章

浏览网页请留心

什么是『单击陷阱』？

唉，平板电脑被没收了。
真无聊！
还是玩游戏吧。
咦，网络？
网络
设置
可爱微波
可爱微波官网
哇！原来游戏机也可以联网啊！
连上了！
可爱微波
特别网站
限时公开！
详情点击这里
点击
耶！
我找到可爱微波的特别网站啦！
欢迎您加入我们的会员行列！
请先缴纳 1800 元的入会费。
呃？

到底何谓“单击陷阱”？

其实就是指用户在用手机、电脑浏览网页时，遇到画面上突然弹出“需收费”等字样窗口的情况。

●发现如下情况，请勿点击！

一些可疑网站往往没有实际内容，只有一些虚假链接。

邮件名：彩票中奖通知

恭喜您购买的网络彩票获得大奖！
请点击下方链接！

http://www.sagi〇〇〇.com/tousen □□□□□

收到的陌生邮件里附有网址（URL）。

●一不留神点了链接会怎样？

欢迎您入会！！
请于×月×日前缴纳1800元的入会费！
另外，我方已知晓您的姓名、住址、邮箱地址，将对逾期汇款的情况采取法律强制措施，请您配合，谢谢。

在上网时，出现类似上述通知，或是莫名其妙让你汇款等情况，就是遇到了“单击陷阱”。

爷爷！
怎么了？
给我1800元吧。
什么？！
那个，我上网的时候显示让我付钱。
如果不付，就会被妈妈发现的……
我没办法……
看来是中招了。
我该怎么办啊？
吼吼吼
吼吼吼！
你不用理它！

如何从“单击陷阱”中脱身？

“单击陷阱”中经常会出现“如果不付钱你就完蛋了”等威胁性话语，给网民制造精神压力，迫使网民付款，这是一种恶性欺诈行为。

常见伎俩

> 欢迎入会！请缴纳 1800 元的入会费。
>
> 秘密网址 .com

以虚假内容诱导用户点击，进入付款页面。

> 我方已知晓您的姓名、住址、邮箱地址，如果不按时付款，我方将对您提起诉讼。

假装掌握用户的个人信息来对其威吓。

遇到类似诈骗行为请勿慌张！

- 诈骗人其实不知道到底是谁在看他的网页。
- 如果只是单纯打开了网页，对方是窃取不了你的个人信息的。

对方只是在虚张声势而已，所以如果弹出了“请付款”之类的窗口，无视即可。

遇到“单击陷阱”时直接无视，千万不要随意汇款给对方。遇到处理不好的情况请马上找大人商量。

身陷“单击陷阱”？

一些受骗的案例

用户主动联系诈骗人的话……

对方就会趁机套出你的联系方式。

在与对方取得联系后，
就匆忙汇款的话……

诈骗人很有可能接二连三地对你实施诈骗。

万一中了诈骗圈套，请立刻告知大人，不要擅自做决定。

所以说，别理它就行了。
哦，知道了。
铃铃铃！
爷爷，您手机响了。
嗯？
是你妈妈打来的。
铃铃铃！
铃铃铃！
铃铃铃！
您不接吗？
不知道她想干吗……
不接了吧！
铃铃铃！
铃铃铃！
您真的不接？手机还在响呢……
不理她！
铃铃铃！
铃铃铃！
铃铃铃！
铃铃铃！
气死我了！
还想让你们帮忙提提菜呢！
干吗不接电话！
咚
果然打电话来就没有好事！
快溜！

在免费网站注册用户的后果

何谓“免费网站”？

指一些只要你注册账户后，就能免费看漫画或者玩游戏的网站。

为什么会免费呢？

广告商能从网页上登载的广告中获利。

他们还可以利用你注册留下的住址、邮箱地址等给你发送有关网页宣传的内容。

免费网站中存在危险！

有一些诈骗网站会伪装成正常网站，通过盗取用户信息来实施犯罪。如果你无法判断一个网站是否安全，请不要轻易在该网站上注册。

要点 “天下没有免费的午餐”，网站也是如此，所以不要一遇到免费网站，就立刻用自己的个人信息来注册登录，要事先和家里人商量，取得同意后再注册。

如果在免费网站注册了用户会怎么样？

注册后……

你会不停地收到各种广告邮件或商品宣传短信。

个人信息可能会被一些非正规网站恶意使用！

当你准备注册时……

别被“免费”两个字给迷惑了。

请家里人确认网站的安全性。

网站的宣传内容并不都是安全可信的，也存在一些专门盗取用户个人信息的诈骗网站！

要点

在某网站注册自己的个人信息前，请记得先和大人确认该网站的正规性和安全性。

是不是网站把你的个人信息给泄露了啊？
我早就觉得没那么好了。什么『免费游戏』，都是骗人的！
原来是被『免费』两个字蒙蔽了。
嘿嘿，终于上钩了！♪
个人信息
个人信息
啊——
个人信息
个人信息
下次要注意啦！
铁拳
免费饮料，欢迎品尝！
嗯？
没听见小姐姐说有免费饮料嘛！
赶紧来啊！
您没仔细看注意事项吗？
还说我呢！您也『上钩』了……
1杯免费
*此项活动仅面向消费60元以上的用户。
美味热饮
1杯 免费
*此项活动仅面

密码 8 不能设为生日吗？

想玩新游戏……
要不求爷爷帮我买吧。
啊？
小亚怎么不试着去下载一些体验版游戏呢？
体验版？对啊，我现在就试试！
嗯，嗯！
首先要登录！
密码就用『0324』。
填写
填写
这个密码不会是你的……
我是白羊座哦！
没错！是我的生日！
不行不行！这密码也太好猜了！
什么？密码有问题啊？
剃
剃
剃
剃
剃
剃
咩咩咩！

何谓“密码”？

“密码”可以保护个人信息。所以，一定要将“密码”设置成不容易被他人轻易猜到的类型！

“密码”就像一把钥匙，这把钥匙是由文字、数字、符号组成的。

“密码”只能自己知道，绝不能告诉其他人哦！

“密码”被他人知道了会怎样？

他人会冒名登录你的账户，胡作非为！

盗用你的名义给他人发一些垃圾邮件。

盗用你的名义在网上购物。

如果你的账号“密码”被破解，他人就能登录你的账号。所以一定要保证“密码”的安全！

※ 账户：指使用电脑或是网络服务器的权力。由 ID（参见第 56 页的内容）和密码组成。

“密码”是保护个人信息的利器，请一定保护好自己的“密码”。

这样的“密码”不安全!

✕ xiaoya
✕ xiaoya0324

自己或者家人的名字、生日的组合

✕ 01234567
✕ abcdefghi

只是一串数字和字母的罗列

✕ password
✕ baseball

英语单词

✕ rittun
✕ poniko

艺人或宠物的名字

✕ qwerty
✕ adgjmp

按电脑或手机键盘上的字母顺序排列

有些“眼尖”的网民可以通过你博客的个人简介猜出你的密码。

那么应该怎样设置“密码”呢?

○ xB9g03H

选的字符与自己的网名、生日等信息无关

○ Ob5NkoB9N

至少 8 个字符

○ na9#roQ4b

选择不同的字母(区别大小写)、数字和符号进行随机组合

○

勤换“密码”

要点 设置“密码”时要注意两点：随机排列字母、数字、符号，组成一长串“密码”；定期更换“密码”。

可不能把『密码』设成自己的生日啊！这样很容易被人破解的！
知道了吗？
好吧，那我想想新的。
设置得复杂些哦。
嗯，
但怎么设置呢？
也对！
想到啦！
可咚！
有了！
趁还没忘记，把它写下来。
狂写中
哈哈！
看这傻样！
傻孩子。
我这『密码』，完美吧？
密码！
M682JJ5A
您看！
你这么贴着，别人一下就知道你的『密码』了……
你这样能看得清屏幕吗？

谨慎对待『网络拍卖』

未成年人不能参与网络竞拍。

何谓“网络拍卖”？

指通过互联网进行的一种在线交易，由竞拍者轮番独立开展竞价，最后由出价最高的人赢得对应商品。

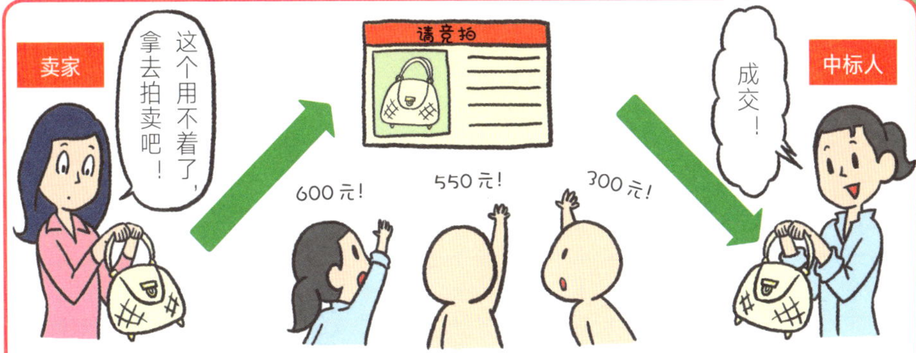

●“网络拍卖”的优点

价格会比实体店便宜

可以拍到稀有物件

●“网络拍卖”的缺点

不能像实体店一样当场试穿

会产生一系列额外费用

要点

“网络拍卖”是一把“双刃剑”。它有一定的缺陷，但如果使用得当，就能以低价买到想要的商品。

如何避免“网络拍卖”中的麻烦

存在这样的麻烦！

迟迟未收到商品。

买到的商品与照片不符或者收到了假货。

因为“网络拍卖”不同于实体店交易，所以会存在很多问题。

●那么如何防患于未然呢？

查看其他买家对该卖家的评价

不要去拍差评多的卖家的商品，也请确认卖家最近的成交量。

确认商品的介绍图片

如果卖家并没有展示实物照片，他拍卖的商品就有可能与实物不符。

要注意和有信用的卖家交易哦！

要点

“网络拍卖”的规则比较复杂，存在一些陷阱，如果想要竞拍，请让你身边的大人代为操作，并且要注意不要购买危险、可疑的商品。

都怪您！
都是听了您的，说网拍方便，才会这样的！
不应该啊！稍等下，我帮你查查！
啪嗒！啪嗒！啪嗒！啪嗒！啪嗒！
嘎巴！嘎巴！
咦？卖家发来了一封邮件。
obun55先生 敬启
寄送的商品已被快递公司退回，请您重新填写正确的收货地址。谢谢。
你是不是把收货地址输错了啊？
嗯？！
啊，是……吗？
今晚是不是应该做顿好吃的啊？
想吃螃蟹！
啊，哈哈哈！
你这是要干吗？
封起来
请您不要打扰我！
太唠叨了！

网购的注意事项

只在可靠的购物网站输入必要的个人信息进行购物

有些购物网站在你输入银行卡号等重要信息时，不会将密码符号化。请注意，这种情况下你输入的个人信息可能会被非法窃取！

不选信誉差的购物网站

如果是在信誉不佳的网站下单的话，送到你手里的有可能是……

假货

表面破损严重的次品

残破的二手货

请选择与信誉好的商家交易！下单前记得查看一下买家们给的评价哦！

确认收款人的账号

汇款行：旺文银行

分行名：琦玉支行

账户卡号：一般存款 1234567

户头：大鼻子贞光

淘淘商店

汇款行：旺文银行

分行名：琦玉支行

账户卡号：一般存款 1931550

户头：购物天堂有限公司

确认商品可否退换货

一般情况下，商品在一定时限内可以退货，这段时间被称为“购物后悔期”。

大部分商品都支持“7 天无理由退换货”服务，但是，有些特殊商品是不可以退换货的，请购买前一定要确认你购买的商品可否退换货。

需要符合一定的条件才会有“购物后悔期”。

确认退换货的条件

我们严把商品质量关。一旦出现次品、破损等情况，请在收到货后的 7 天内告知我们，我们将尽快为您处理。退换货仅限于收到商品后 7 天以内未开封、未使用情况下的商品。

因为有些商家不允许退换货，在购买前请记得和商家确认退换货要求。

第3章

使用邮箱和社交网络时的注意事项

名人给我发邮件

来邮件了？
收件人：
takashi@xxx.xx
我是可爱微波的玲次。那个，我最近有些烦心事，你可以陪我聊会儿吗？
好像还写了什么？
回邮件需要30积分，但1积分需要1元，不知道你会不会回我呢？我等着你哦！
嗯嗯……
扑通！
扑通！
哇哦！！
老爸！给我30元！
来，拿去！
只要这些吗？
对了！告诉小亚，让他羡慕一下！

所谓的“名人”给你发的邮件都是假的！

● 一些坏人往往会假借明星的名义行骗！

> 你好，
> 我是可爱微波的玲次。

请不要轻信这类邮件。

如何防止被骗？

● 果断无视

✕ 不要轻信诈骗邮件里的内容！

> 最近很苦恼！工作很忙，没时间交朋友，我真的不想再当偶像了！你能陪我聊会儿吗？

不在聊天室注册

错误做法

不留个心眼儿，急忙注册的话……

会被要求支付高额费用。

不汇款

错误做法

受骗的网友们不断给对方汇款……

就这样把钱给了坏人。

要点 不要理会所谓的“名人”给你发来的邮件，也不要轻易汇款。

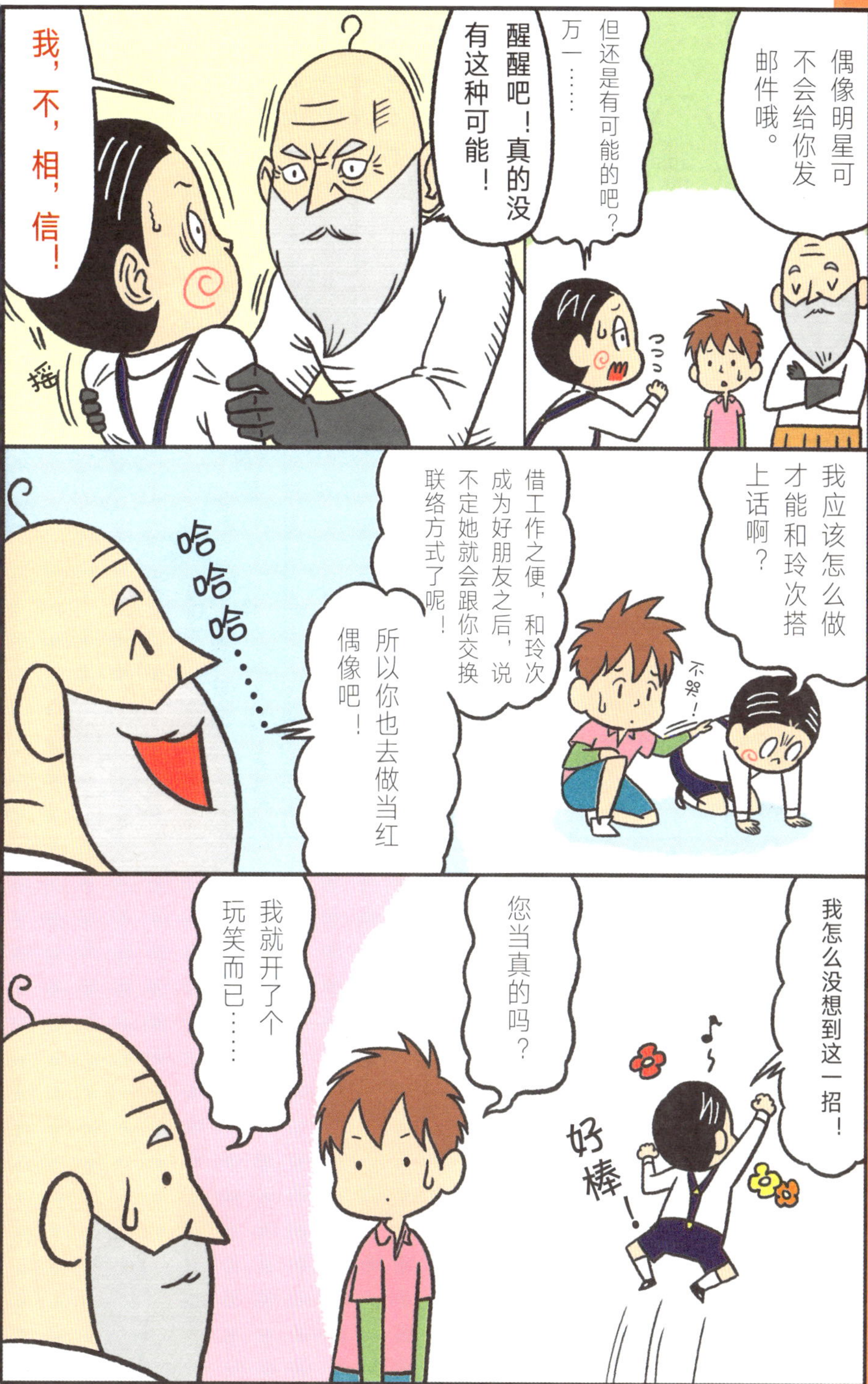
偶像明星可不会给你发邮件哦。
但还是有可能的吧？万一……
醒醒吧！真的没有这种可能！
我，不，相，信！
摇
我应该怎么做才能和玲次搭上话啊？
不哭！
借工作之便，和玲次成为好朋友之后，说不定她就会跟你交换联络方式了呢！
所以你也去做当红偶像吧！
哈哈哈……
我怎么没想到这一招！
好棒！
您当真的吗？
我就开了个玩笑而已……

收到一封中大奖的邮件

唉，我怎么会被那种垃圾邮件骗呢！
白痴——
嗯？
丁零！
收件人：
takashi@xxx.xx
恭喜您获得 OSJ（可爱微波组合）日本演唱会门票一张！请在指定日期前回复此邮件，谢谢。
大嗨麦网
哦耶！
运气太好了！今天肯定是我的幸运日！
就选×月×日吧。
感谢您的回信！因为我方需要制作一些材料，请先支付 60 元的手续费，谢谢。
大嗨麦网
老爸！赶紧给我60元！
第二天
我最近抽奖中了一张OSJ的演唱会入场券哦！
运气不错。
你确定参加过这样的抽奖活动？
那个……
好像没参加过吧……

不可轻信中奖信息！

●所谓的“中奖”其实是坏人想要骗钱的把戏而已！

如果轻信骗子的话……

骗子就会编造各种骗钱的理由！

●一旦掉入陷阱，对方就会不断要求你汇款。

骗子会不断抬价。

即使你中途反悔，骗子也会变相向你索要违约金。

要求付款的邮件都有可能是诈骗邮件。收到这类邮件时，请先和家里人商量，不要轻易汇款给对方。

如何防止被骗？

●试着搜索一下发件公司的有关信息。

通过查询，可以辨识出发件公司是否正规，进而确认邮件的可信度。

●对于一些内容莫名其妙的邮件，不要信，直接删除。

有些邮件很危险！只要你打开了，你的个人信息就有可能被窃取。

要点 请不要打开陌生的或是内容莫名其妙的邮件，要直接把它们删除，避免上当受骗。

你都没有参加抽奖，何来中奖一说呢？
看来你又被骗了……
呃？
我是怎么了？怎么老被骗啊……
真……是有点可怜！
要不我们三个人去这里吧！你们看怎么样？
爷爷！
爷爷！
嘿嘿！
哈哈！
月光平安村？
都没听说过这个地方。
有三张票，我们叫椎菜一起去吧。
谢啦，爷爷！
嘭！
真狠心……

如何处理转发的邮件？

最近老是被骗，太倒霉了！
不会的！别瞎担心！
丁零！♪
嗯？
收件人：
takashi@xxx.xx
请在 3 日之内转发此封邮件给 5 个人，不然你将遭遇飞来横祸。
咳咳咳！
不幸！
什么？
丁零！♪
这次又是什么啊？
收件人：
takashi@xxx.xx
请在 3 日之内转发此封邮件给 5 个人，不然你就会一直放屁到死。
难道这就是我不幸的开始吗？
我得赶紧转发给小亚！
不行！
啪！
啪！
等一下！
都冷静下来！

何谓“转发邮件”

这是一种垃圾邮件，它会被不停地转发。它的内容往往是“不转发就会倒霉”之类的威吓性话语，会给用户心理上造成阴影。

转发了一封以后……

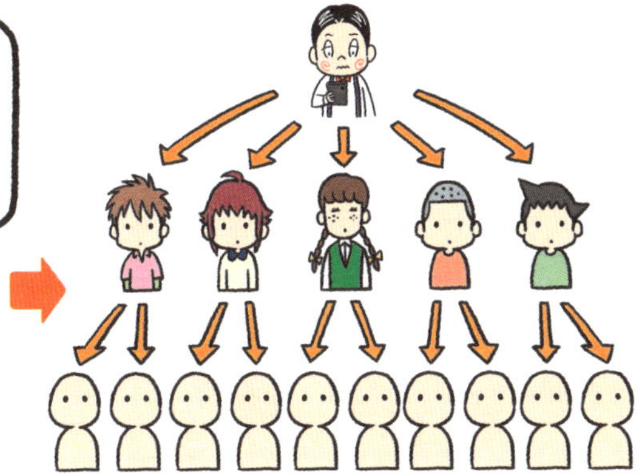

一传十，十传百。

它上面写了“不转发就会遭遇不幸”啊！

●这类邮件里的内容纯属危言耸听

为了不让更多的人受到垃圾邮件的骚扰，请不要转发这种内容的邮件！

请不要转发类似上述内容的垃圾邮件！

为什么老是收到邮件？

●居心不良的网友故意泄露你的邮箱地址

回信的话，你的邮箱地址就会被对方知道。

然后你的邮箱地址就会在坏人之间传来传去。

从朋友那里收到了转发邮件？

●不要再转发给其他人了

要点 记得告诉周围的小伙伴们，即使收到了类似的转发邮件也不要在意，无视即可。

那我之前收到的是不是也……
你不是给假玲次回信了吗？
收件人：
takashi@xxx.xx
我是可爱微波的玲次。那个，我最近有些烦心事，你可以陪我聊会儿吗？
哇哦！
您说那个啊！
只要一次中招，之后别人就会不断地发来骚扰邮件。
垃圾邮件。
我果然还是走霉运了……
唉！唉！
也没有必要这么失落吧？
唉，都没有心情吃东西了……
咕咕咕！
今晚不想吃牛排了，让老妈给我烧鲍鱼吧。
这也太豪华了……
这这！
这还叫不幸啊？
天哪！

如何处理发错的邮件？

我最近想住你家。
平民之家？
呃？为什么住我家？
因为……
我不想再受骗了！
丁零！
好吧……
果然又来了！
你看！
洋子？这是谁啊？
收件人：
takashi@xxx.xx
我换了一个邮箱地址，这是新地址，记得保存一下哦！
洋子
发错了吧？我回她一下。
不好意思，您应该是发错了……
等一下！
那也有可能是诈骗邮件！
一身口水

不能给陌生人回邮件的原因

●坏人们正在找下手目标！

一旦回复了邮件，之后就会不断收到很多垃圾邮件。

要点

如果随意回复邮件的话，你的邮箱地址就有可能被泄露，遭遇诈骗的可能性也会随之上升！

对于发错的邮件：无视！

不回信！

无论发来多少次都不予理睬！

要点

无视一切发错的邮件。

丁零！♪
妈呀！
还来啊？
收件人：
takashi@xxx.xx
我是良子。我换邮箱地址了：464932@xxx.xx，记一下吧！
原来是良子发来的。
『知道！』发送。
那就没问题了！♪
嗨，良子，你换邮箱了啊？
谢谢你发邮件来告诉我。
我没换啊，也没给你发邮件啊？
什么？
也就是说我又被骗了？
呜呜呜！
那个，没事吧？
惊慌
惊慌
我给你道歉……
不是你的错啦！
真是……
以为是认识的人就轻易上钩。

中病毒后如何『杀毒』？

我也来玩会儿平板电脑。
我看看……
喔！
免费
成功男士都在玩！！
教会你人气暴涨的实践视频
现在就点击下载吧！
单击！
吼吼！
这个好！把它下载下来！
人气飞升！
嗯？
咦？
怎么回事？
发生什么事了？
没事、没事，我正想下点工作上的视频看看，但好像看不了……
手忙脚乱

不幸“中毒”

拖慢台式电脑或者平板电脑的运行速度。

个人账户信息会被泄露，用户会收到垃圾邮件，或者邮箱会擅自发送一些邮件。

自动下载、运行一些莫名其妙的软件或者程序。

被坏人远程操作，控制电脑的摄像头进行偷拍。

要点

感染电脑病毒还会引起诸如“信用卡被盗刷”“博客等社交媒体账号被盗”等问题。

※ 电脑病毒：是一种潜藏在邮件或是网页上的程序，它能给电子设备带来毁灭性的伤害。

容易"中毒"的地方

●下载的免费游戏

●下载的免费视频

●陌生邮件里的附件

要点

下载和打开附件都有可能感染病毒。还有请注意，有一些病毒可以通过浏览视频、广告的方式传播。

如何预防病毒感染？

● 安装杀毒软件

● 不下载不安全的视频、App 或者游戏。不打开陌生邮件里的附件，直接删除邮件

● 涉及个人信息或汇款的邮件，在打开前，要打电话和发件人确认

请务必安装杀毒软件来保护你的信息安全，即使是熟悉的地址发来的邮件，也不要立即打开它。

感染病毒后的解决办法

●更新杀毒软件的版本

软件升级后就能对付更多种类的病毒！

●切断网络

切断网络能够有效防止信息的二次泄漏！

删除完病毒后再打开网络吧。

●用杀毒软件检测、删除病毒

删除病毒，帮助电脑恢复正常状态！

具体的杀毒流程请参考各个杀毒软件的帮助页面。

请定期更新你的杀毒软件，并定期检查电子设备，以确保它们没有感染病毒。

还好，总算是把病毒删掉了。
真是的！
您可千万别跟孩子他妈说啊！
拜托您啦！
不能说什么？
不能告诉她，我把……
嗯？
我什么也不知道……
你老实交代吧！
嘎嘎嘎！
就从下视频那儿开始交代吧！
嘎嘎！
老爸，您被谁打了啊？
这脸肿的……
没事，小孩儿别管！
吃饭吧……
梅干
就这点晚餐……

怎么样？学到不少了吧？
嗯！
你可别贪玩！跟着爷爷好好学。
好的！这样我就能在微信出道了。
吼吼吼！
有什么不懂的就问爷爷我！
想和我的椎菜女神一起……
哈哈！
我想和椎菜一起玩微信。
啾啾！

不知道会不会给我回信息呢？
丁零！
扑通！
扑通！
椎菜，你好，是我，小亚！
我也开始玩微信啦！
一周后
还没有回我。
空空如也
发给小志试试看。
丁零！
小志！
我开始玩微信了。
收到信息就回一下！
30分钟后
也没有回我……
空空如也
没道理啊！
为什么都不给我回信息啊？
椎菜
可爱的椎菜，怎么还不回我呢？
今天数学课上小志给的答案真是笑死人了，哈哈！
啊，突然想起来明天是你最后一天在食堂值班，加油哦！！！
小志
小志！
怎么还不回我啊？
我都要闲成咸鱼了！
话说，你看刚才播的《早上好，小源》了吗？

发邮件或是发信息时的注意事项

最应当注意的是聊天时不给对方造成困扰。

注意发送时机

不要在很晚的时候发信息。

不要一连发很多条信息。

不要发送类似以下的内容

侮辱性话语

玩笑、八卦等

自己或他人的秘密

丁零！
唔？
不会又是小亚发来的吧？
原来是椎菜发来的！
椎菜
小亚老是不停地给我发信息，我都要烦死了……
那家伙！怎么还去骚扰别人啊！
真不像话！
小亚老是不停地给我发信息，我都要烦死了……
他也给我发了很多。别担心，我去说说他。
丁零！
哦！终于有人回我了！
你看刚才播的《早上好，小源》了吗？
喂！小志小志！怎么不回我！
你好烦啊！别再发来了！
怎么还生气了啊……

让我们一起学习如何正确使用聊天软件吧！

便利之处

● 能够多人实时聊天

● 省去了打电话的麻烦

在公交车上或其他公共场合时，请将手机调至静音模式，最好不要接打电话。

需注意的地方

● 一些文字表述容易让人产生误解

因为聊天主要靠文字，有些时候不能很好地传达自己的意思。

熟练运用聊天软件能给你带来许多便利，但因为网上聊天始终不是面对面交流，所以要注意聊天内容不能让他人产生误解哦。

我好像还不怎么会玩微信。
明天上课的时候我去问问他们怎么玩的。
我看这样可以。
唉……
第二天
叮咚！
叮咚！
大家早上好啊！
早……
哦……
怎么感觉这两人今天对待我的态度有点冷淡啊……
难道还在因为昨天的事生我的气？

什么是『SNS欺凌』？

昨天聊得很开心哟！
他还是这么逗。
就是，一点也没变。
对吧！
他们在说什么啊？
他是谁？
好像只有我没有被邀请进他们的群聊！
这是被孤立了啊！
呜哇哇……
别发展成『SNS 欺凌』才好……
别哭了！
『SNS 欺凌』？
那是什么？
即使没有恶意，但有些人的说话和行为会在无意间疏远朋友。
这才是『SNS 欺凌』的可怕之处。

何谓“SNS 欺凌”？

首先，SNS（Social Networking Services）是“社交网络服务”的简称，包括社交网站和社交软件。借助 SNS，你可以和任何网友畅聊。而在 SNS 上发生的霸凌事件就叫“SNS 欺凌”。

●遇到这种情况你作何感受？

本人在不知情的情况下被八卦或受到排挤。

相信没有人会喜欢被别人在背地里评头论足吧？所以请不要做这样的事来破坏朋友间的珍贵友谊。

●遇到这种情况你作何感受？

随意公开他人的秘密。

大家都不喜欢朋友未经你允许，就把你的秘密发在朋友圈里吧？所以请不要做这种破坏友谊的傻事！

遭遇“SNS欺凌”该如何应对？

●遇到下面这种情况

小亚好烦啊！老是发信息过来，不想看！

✕	○
别理他！	还是看看吧。
就是得晾着他！	可能真有急事。

请不要随便无视他人的信息，或者对其恶语相加。要知道，SNS可以带来欢乐，但也可以成为毁灭友谊的地狱！

●如果欺凌还在继续……

被欺凌者会变得不再信任小伙伴，还会留下难以愈合的心灵创伤。

要点 社交软件可以带来畅聊的乐趣，但要坚决抵制“SNS欺凌”。请将心比心，不要欺凌其他人，不要让小伙伴们遭遇不愉快。

这都怪你没有遵守规则啊！
也对。
唉……
明天要跟大家好好道个歉才行。
第二天
对不起！我第一次用微信，不太懂怎么聊天，给大家造成困扰了！
太鞠躬
其实我们也有错……
我也道歉，对不起。
过去的就让它过去吧，我们一起来群聊吧！
等等！我早就把本来要在微信上说的话给记下来了！
看！
那个剧情太离谱了！
食堂的炸面包圈太好吃了！
可爱微波属于哪种风格？
完了！我惹老师生气了！
吼吼！
太多了吧……

发邮件时的注意事项

邮件能给人际交往带来便利，但注意不要发错邮件哦！

发邮件前要先确认自己输入的收件地址是否正确。

收件地址：tokashi@xxx.xx

主题：小志收
我是小亚！

我是小亚！

然而小志的邮箱地址是 takashi@xxx.xx。

发件人：小亚
主题：小志收
收件地址：tokashi@xxx.xx

我是小亚！

只差一字，邮件就有可能送不到对方那里，或者被送到其他人的邮箱。

不要把“回复”和“转发”这两个概念给搞混了。

发件人：小亚
主题：小志收
收件地址：takashi@xxx.xx

我是小亚！

把小亚给小志的邮件……

收件地址：manabu@xxx.xx
主题：Re：小志收

有何贵干？
> 我是小亚！

给小亚回信就按“回复”。

收件地址：shiina@xxx.xx
主题：Fwd: 小志收

小亚发来的（笑）
---------- 转发 ----------
From：小亚
Date：20XX 年 /X 月 /X 日
Subject：小志收
我是小亚！

顺便转给椎菜的话，就按“转发”。

注意区分抄送与密送。

抄送 如果一份邮件需要发送给多个人阅读，只要在“抄送”一栏填上相关人员的邮箱地址即可。

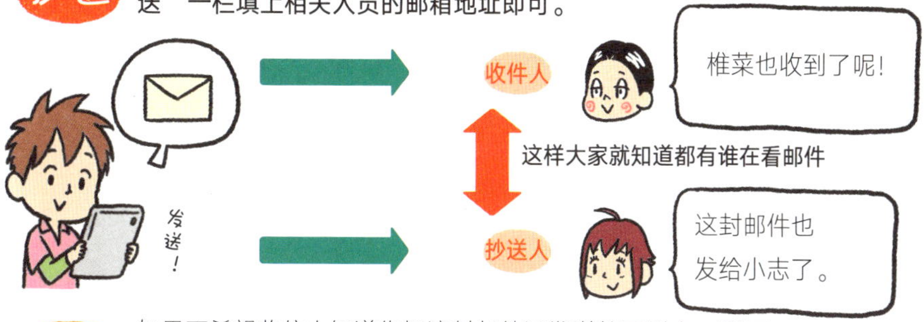

密送 如果不希望收信人知道你把这封邮件还发送给了别人，则可将这位“幕后人”的邮箱地址放在“密送”一栏。

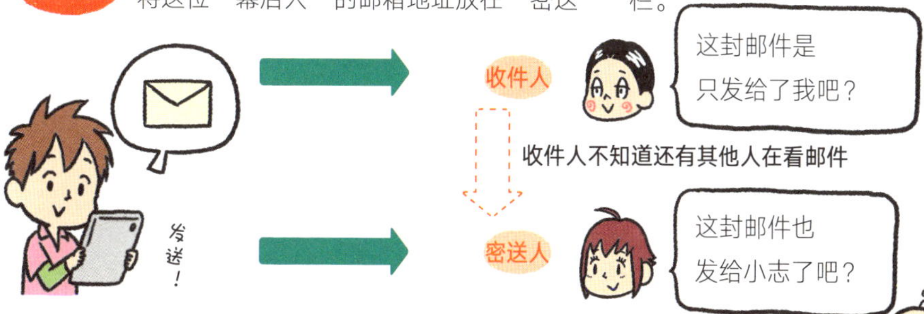

可以公开的收件地址就选抄送，不方便公开的就选密送。

在收件人一栏填收件人地址，在抄送、密送一栏写你需要其他知晓邮件内容的相关人员的邮箱地址。

不随意公开收到的邮件内容和个人信息。

邮件内容和邮箱地址属于个人信息，绝对不能将之公开！

有可能无法识别表情包。

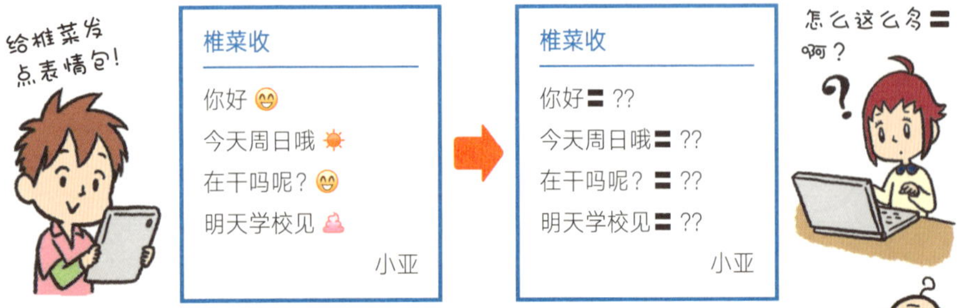

因为邮箱有可能无法识别表情包，所以用电脑发邮件时，记得尽量别使用表情包哦。

无论是发邮件还是网聊都要字斟句酌。

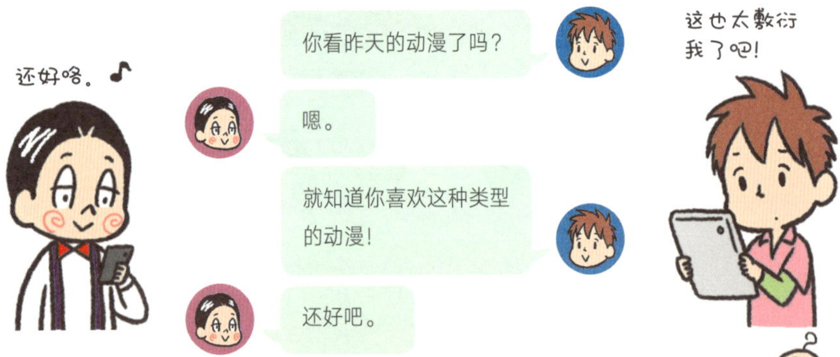

邮件和网聊以文字作为交流的载体，不同于面对面交流。所以不同的人对同一句话可能有不同的感受和理解。

不要因为对方不回邮件而生气。

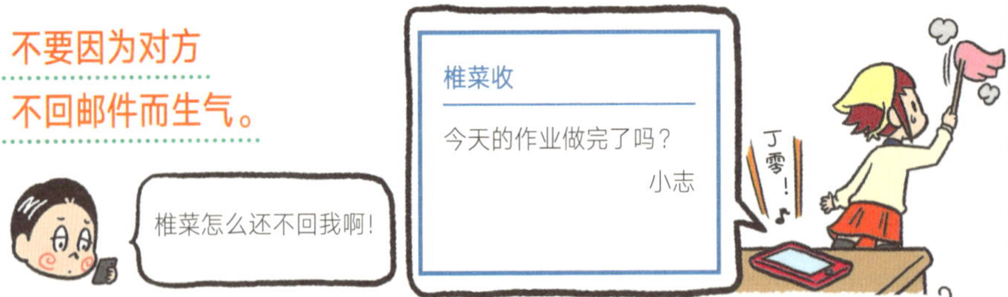

大家都不可能瞬时回复邮件，所以有急事的时候还是打电话吧。

第4章

层出不穷的安全隐患及注意事项

走路不当低头族

为什么说边走路边看手机很危险？

因为走路看手机使人的注意力被分散，容易出事。

●低头族引起的事故

撞到人或者其他东西

摔跤

掉进路上的“陷阱”

被车撞

●人在外，怎样看手机才安全？

去不会打扰到别人且安全的地方看手机。

边走路边看手机很容易引起事故，也会给其他人造成麻烦。如果实在有必要看一眼手机，就请找一个安全的地方站定再看。

骑车低头族更危险！

边骑车边看手机的话……

变成单手骑车

注意力不放在路上

自行车事故一般都很严重，请为自己的生命负责！

原来边骑车边看手机违法！※

边骑车边看手机违反交通法规，会被处以罚款哦！※

※ 各地的具体条例及处罚力度不同。

边骑车边看手机可能引起重大交通事故！这种行为不仅会给你自己，也会给路上其他人带来危险。拒做骑车低头族！

小志啊！边走路边看手机很危险的！别看了。
刚才多危险啊！
啊，对不起……
我还没见过奶奶呢。奶奶长什么样啊？
哈哈，是个大美人哦！
给你看看照片吧！
真的是绝世美人呢！
咦？等等……
这手机怎么回事？
没反应？
哎呀！
砰！
砰！
边走路边看手机很危险的。

啊啊啊！
小志怎么看起来气呼呼的啊？
好像是因为手机被伯母没收了，所以在气头上吧。
之前我看小志边走路边玩手机还差点出了事呢。
火大！
就因为没了手机就气成这样……
气！
唉……
唉……这也……
上瘾了啊……
灵光一现
『手机控』！
『手机控』？
神明保佑……
『手机控』可是很可怕的哦！
幽
幽

何谓“手机控”？

“手机控”指那些时刻不离手机的人。他们有一个特征：只要手机不在身边，就会变得狂躁不安。

“手机控”的一些症状

吃饭

学习

洗澡

沉迷手机要不得

没带手机就会躁动，情绪不安。

过度使用手机，导致睡眠不足。

要点 沉迷手机危害多！拒当“手机控”！

老是看手机的话，会导致你……

变得不爱和家人交流。

渐渐和小伙伴们疏远。

沉迷手机会影响正常的人际交往。

那该怎么办呢？

解救“手机控”的办法

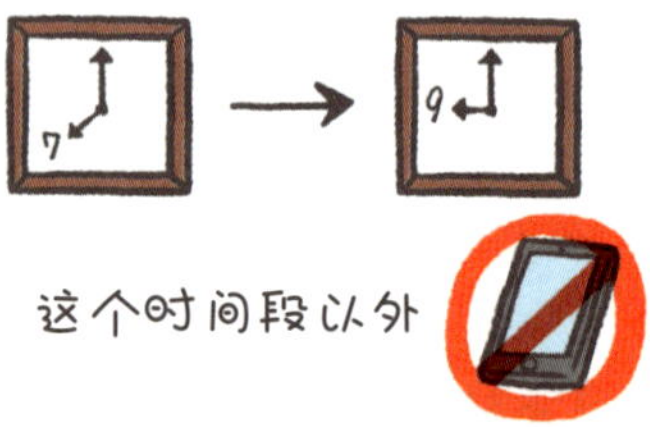

严格规定手机使用时间。

关闭手机通知功能。

平时把手机锁在抽屉里，到了需要用的时候再拿出来。

切忌沉迷手机，否则会导致人际关系的恶化！
请合理控制看手机的时间。

只要把小志的注意力从手机上转移开就可以了吧！
我有办法！
小志，我们去踢球吧！
嘿！都好久没踢球了！
烦烦烦烦烦烦烦烦烦烦烦烦烦……
我们一起看可爱微波的DVD吧！
OBR
烦烦烦烦烦烦烦烦烦烦烦烦烦……
我没招了……
他都不理我……
看我的吧！
小志，一起出去玩吧。
好嘞！
什么意思嘛！
哼！

谨防『社交疲惫』

我跟你讲，前几天，我弟弟……
呀，小亚给我发信息了。
丁零！
冰激凌真好吃啊！
他发什么了？
说冰激凌好吃。
丁零！
冰激凌真好吃啊！
哦。
我买的巧克力味的。
你俩关系真好啊。
呦呦！
呦呦！
才没有那么好呢！
丁零！
我买的巧克力味的。
哦。
我还喜欢香草味的！

何谓“社交疲惫”？

“社交疲惫”指对在社交软件或网站上的交流感到疲惫，不想与人聊天了。

●容易“社交疲惫”的人

我还喜欢香草味的！

如果不立刻给他人回信就会感到压力。

良子
小亚和椎菜的关系真好呀！

会过分在意别人社交的状态。

良子
今晚的豪华晚餐！

看到别人的朋友圈后，羡慕的同时也会产生自卑。

●对自己发的朋友圈感到“社交疲惫”

可爱的椎菜
看我今天的穿衣搭配！
赞 0

如果没人关注，又会有被冷落的感觉。

可爱的椎菜
今天真是个好天气呢！
评论：可怕的大哥
我并没有感觉到啊！

如果别人对自己发的朋友圈评头论足，就容易感到失落。

要点

不要在意别人的朋友圈状态，也不要过于关注他人对自己的看法。如果你很在意其他人对你发的朋友圈的评论，可以尽量选择不发。

怎样做可以缓解社交疲惫呢？

有“社交疲惫”症的人的表现其实和“手机控”很像，所以关键就是正确使用社交软件和网站。

平时养成良好习惯

做事要学会分清轻重缓急。

规定浏览社交软件和网站的时间。

不攀比，不自卑。

偶尔看一眼也是可以的。

要学会“选择性无视”，如果你实在在意朋友圈里发的内容，也可以选择关闭这项功能。

要点 每个人都有自己的社交软件使用习惯。如果你特别在意他人的看法的话，选择性地使用社交软件和网站的部分功能或许是个不错的选择。

丁零！♪
不想回就不要回了呗！
好，好吧……
手抖中……
握紧
把手机给我！我帮你保管！
你先别管了！
丁零！♪
怎么办……
啊，可以吗？
太棒啦！
解放啦！
看来真的是累得不轻啊……
留我一个人在这里……
哈哈哈……
丁零丁零！
丁零丁零！
咦？怎么不回我了？

在书店可以用电子产品拍书吗？

为什么不能拍书店里的书呢？

书店里陈列的书是用于销售的。如果拍了书里面的内容，就等于侵犯了商家的利益。

拍了书里面的内容的话……

会导致书店卖不出书。

要点：为了不影响商家的销售，请不要拍书里的内容。

拍书店里的书违法？

盗书是违法的。虽然现行法律没有对“拍摄书店里的书是否违法”这一点做出明确规定，但是这种行为等同于信息窃取，大家不能学哦！

- 盗书属于违法犯罪行为！
- 擅自拍摄书中内容，会侵犯书店经营者的利益！

要点 请不要做出拍书这种影响书店经营的行为。

那我可以拍我买下的书吗？

当然啦！拍摄自己购买的书里的内容是买家的自由。但是要记住不能随意将拍摄的内容公开，不然也是违法的哦！

将拍摄内容交予他人

将拍摄内容上传至网络

要点 即使是你购买的书籍，你也不能将拍摄下来的书中内容上传或是交给他人。

原来今天是可爱微波写真集的发售日啊。
让我好等啊！
果断入手！
今日发售
可爱微波
绝密情报
其实小亚的爸爸也是可爱微波组合的粉丝！但因为是秘密追星，羞于开口，所以小亚一直都被蒙在鼓里！
啊！老爸！
干吗？
扑通！
扑通！
老爸你特意为我买的吗？
太赞啦！
哈哈，这有什么！
可爱微波
抱抱
感谢老爸！
儿子啊！
呜哇哇哇……
也顺便帮我买一本呗……
道子

使用电子产品拍照功能时的注意事项

注意，这些地方禁止拍照！

即使是在没有明确标识“禁止拍照”的地方，也要事先确认拍照是否被允许。

●不适合拍照的场所

美术馆、博物馆

寺庙、神社

商店、餐厅

●偷拍违法！

利用手机、平板、照相机等电子产品，在当事人不知情的情况下，拍下一些私密镜头的行为就是偷拍。请注意，偷拍违法！

不能在明确标有“禁止拍照”标识的场所拍照。不能随意在商店、大楼内拍照。拒绝偷拍行为！

要留意路人抢镜哦！

注意这些情况！

拍合照的时候，路人恰好就站在后面。

拍的风景照里有路人的身影。

因为涉及侵犯肖像权（参见第 25 页的内容）的问题，请不要将路人入镜的照片上传到网上。

但我就是想发照片，那怎么办？

要点 如果想上传有路人入镜的照片，请记得一定先对照片里的路人脸部做一定的处理。

太好啦！
这里可以拍照哦！
允许拍照
让我看看你都拍了什么。
开心就好。
今天真开心啊！
怎么都是你的自拍啊？
看不出是去了美术馆啊！
一不注意就拍了这么多。
哈哈！

可爱微波演唱会
终于可以见到真人啦！
好激动！
好多粉丝啊！
请将手机调至振动模式。
怦怦
怦怦
人声鼎沸
嘿嘿！
大家好！
哇！
啊！
让大家久等了！
赶紧拍下来！
视频
你在干吗？
哐当！
不！

请注意下列场合的手机使用礼仪！①

在某些场合，手机来电会影响到周围的人。所以为了避免尴尬，请将手机调至静音状态或是关机。

音乐会

剧场

电影院

美术馆、博物馆

地铁、公交车

餐厅、图书馆

身处上述这些场合时，请将手机调至振动、静音模式或关机。

请注意下列场合的手机使用礼仪！②

在配有精密仪器、设备的地方，请手机关机。因为手机产生的电波可会对仪器设备造成一定的影响。

医院放射科

要点 为了减少手机电波对精密仪器的影响，请将手机关机。

可爱微波演唱会
感谢大家的到来！♪
下次再见！♪
哇哦！♥
这是我听过的最好的演唱会啦！♥
拍手
拍手
我们回家吧。
欸？
喂，回家啦！
可爱微波！！
可爱微波！！
爱你们！可爱微波！
呀吼!!

和网友见面前请三思

看！椎菜好像很开心的样子！
是遇到什么好事了吧？
啦啦啦啦！
怎么说呢？♥
不知道吧？
其实最近……♥
最近怎么啦？快告诉我们！
好吧，那就告诉你们吧。♥
其实最近有一个人老是评论我的博客……♥
哟哟！
还是个大暖男呢！♥
好喜欢啊！
这是？
呃？

他……他人怎么样？
嫉妒指数：
50%
他说和我们是同一年级，就住在隔壁那条街。
太棒了！
转圈
还是个帅哥？
嫉妒指数：
70%
噗噗！
噗噗！
讨厌啦！
他主页的照片确实很帅哦！
回头
不会是骗人的吧？
嫉妒指数：
100%
轰隆！
才不是呢！
这是命运的安排！
扭
扭

网上的个人简介和照片可信吗？

个人简介也有造假的可能

请打起十二分精神！网络上其实隐藏着许多犯罪分子，他们经常利用一些虚假信息来引起你的注意，从而实施犯罪行为！

要点：不能轻信包括个人简介在内的网络信息。

明天终于可以见到他了！
什么？这就要和网友见面啊？
不要去啊！
没事的啦！人家可是暖男！
我先走咯、拜拜。
第二天
怦怦！
怦怦！
忠犬八公
担心椎菜的两人
你就是椎菜？
跟我想的不一样啊……
你难道就是……
那我们走吧。
不要！
拉扯

如何避免与网友见面的风险？

这些信息一定不能告诉网友

绝对不能将这些个人信息告知素未谋面的网友！

万一对方就是坚持要见面呢？

- 不再联系。
- 明确拒绝对方的要求。
- 如果对方纠缠不休，就说“我带着我爸妈一起来见你”。

见网友一定要慎之又慎！遇到不可靠的网友，可以搬出父母这个“撒手锏”，对方自然而然就会退却的。

要点 如果有网友询问你的个人信息，就不要再和这个人联系了。遇到纠缠不休的网友记得先找家里人帮忙解决。

啊！椎菜有难！
放手！
跟我来！
警察！警察！
快来人啊！
怎么回事！
咻咻咻！
咻咻咻！
咻咻咻！
坏蛋！
踹死你！
噗噗……
他有没有对你怎么样？
没事吧？
他原来一点也不帅！啊！大鼻孔！全是黑头！
欺骗我！
我错了！
跟我走！
被拖走
啊？
还不好好反省一下……

拒绝访问少儿不宜的网站！

网络上其实有许多少儿不宜的网站。为了避免惹上一些不必要的麻烦，记得不要点击这些不良网站哦！

成人网站

婚恋介绍网站

支持犯罪的网站

都是些少儿不宜的网站！

为了保证孩子的健康成长，请使用网站过滤功能屏蔽那些不良网站！

不良网站

安全绿色网站

不良网站过滤器的“神通”！

屏蔽用户对于不良网站的访问请求

过滤器可以自动过滤不良网站，保障孩子的上网安全，是家长们的得力助手。

屏蔽写有个人信息的帖子

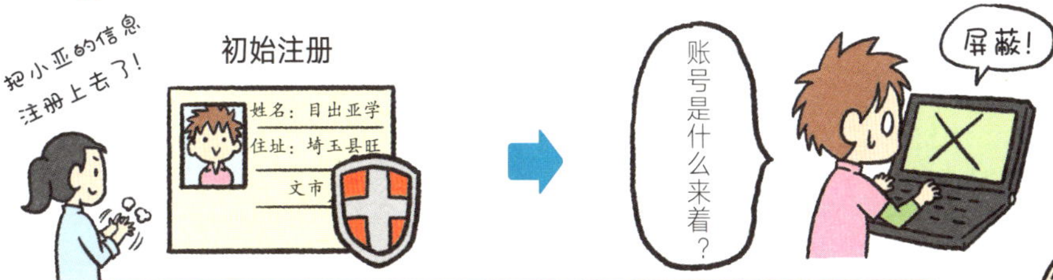

用孩子的个人信息注册一个账号后，后来的人想要篡改信息，就会被过滤器屏蔽。这样做就能保护重要的个人信息不被泄露。

规定上网时间

过滤器不仅可以设置一天中允许上网的时间，也可以设置程序、游戏的运行时间。

网络上有许多不良网站，为了避免一些不必要的麻烦，请使用过滤功能屏蔽这些网站。

尾声

不知不觉我都在这住这么长时间了。
也该回家了。
记得跟我妈道声好。
啊？
收拾
收拾
爷爷别走！我还有好多问题想问您呢！
好了，小亚。
虽然在网络世界里彼此看不到对方，但人与人之间的情感纽带是不会断的！
这一点其实和我们现在是一样的。
要好好的哦！爷爷希望你能长成一个为他人着想的人！

这期间我们不是遇到过很多事嘛。
不要忘了它们，好吗？
有空来找爷爷玩。
别哭，都是大孩子了。

两周后
昨天我超火大的，就在博客里大骂了一通！
真搞笑！
哇！
哈哈！
不能这么做！
你们这样做考虑过别人的感受吗？
这种事
一点也不好笑！
干吗？突然……
我感觉最近小亚变化挺大的。
是啊。
多亏了爷爷，我渐渐了解网络中的规则了。
小亚小亚，快帮我看看，来了一封邮件让我交钱……
怎么又来！
这种时候就……
网络是一把『双刃剑』，有利也有弊！

上网时，我们不仅要考虑我们自己的感受，也要考虑其他人的感受，推己及人。
谢谢您，爷爷。
学无止境，还有很多未知的事物在等着我呢！
完

什么叫『完』！
啊？！
好端端地看天上干吗？我还好好地在这儿呢！
嘿！
看我不好好教教你！
疼疼疼……
这臭小子！
哎，又来……
不知道是喜还是忧啊……
全书完（这回是真的！）

图书在版编目（CIP）数据

学校学不到的成长课. 从零开始接触互联网 /（日）株式会社旺文社著；楼梦捷译. — 广州：新世纪出版社, 2019.12（2020.4重印）
ISBN 978-7-5583-0043-1

Ⅰ. ①学… Ⅱ. ①株… ②楼… Ⅲ. ①互联网络－少儿读物 Ⅳ. ①G775

中国版本图书馆CIP数据核字（2019）第265380号

学校学不到的成长课·从零开始接触互联网

Xuexiao Xuebudao de Chengzhangke · Cong Ling Kaishi Jiechu Hulianwang

出 版 人：姚丹林
责任编辑：秦文剑　刘梦瑶
责任技编：王　维

出版发行：新世纪出版社
（广州市大沙头四马路10号）
经　　销：全国新华书店
印　　刷：北京盛通印刷股份有限公司
规　　格：880mm × 1230mm　　开　　本：32开
印　　张：4.75　　字　　数：60千
版　　次：2019年12月第1版　　印　　次：2020年4月第3次印刷
定　　价：32.50元

质量监督电话：020-83797655　购书咨询电话：020-83781537